Mimi Lynx: Eine Novelle

Richard von Schaukal

Alpha Editions

This edition published in 2022

ISBN : 9789356788275

Design and Setting By
Alpha Editions
www.alphaedis.com
Email - info@alphaedis.com

Mimi Lynx
Eine Novelle

By Richard von Schaukal

Einmal im Herbste, kurz vor Beginn des dritten Semesters, war er zu einem kleinen Souper geladen. Die Leute standen ihm fern. Er ging ohne Interesse hin, fast mit Bedauern. Wie immer kam er zu spät ... Damals lernte Heinrich Mimi Lynx kennen. Ihre Stirne war bleich wie Citroneis, ihre Brauen rund und dumm wie bei einem Baby. Ihre Augen, von einem wechselnden Braun-Grün, schimmerten unter müden breiten Lidern. Ebenso müde war die Unterlippe. Aber die Oberlippe und die viel zu starken Zähne lachten. Und um die kurze steile Mopsnase mit den heftig vibrierenden sinnlichen Flügeln spielte etwas wie Hohn. Das Haar war dicht, dunkelblond. Gewaltsam mit dem Kamme aus der Stirne nach dem Scheitel gezerrt, stand es halbmondförmig über den schmalen Schläfen und lastete mit einem dicken Knoten in dem sehr schlanken mädchenhaften Nacken. Ihre Bewegungen geschahen ruckweise, sie stiess die Arme aus den Schultergelenken heraus, die Hand gab sie breit wie eine Engländerin und grüsste dabei mit einem kurzen Zucken des Kopfes über der weichen und immer etwas herausfordernd gehobenen Büste. Die Arme kreuzte sie gerne, und ihre Füsse in den ausgeschnittenen Lackschuhen erinnerten wieder an ein Baby. Sie war zweiundzwanzig Jahre alt, drei Jahre verheiratet und hatte ein kleines Mäderl, das ihr gar nicht ähnlich sah und dem sie immer wie einem ganz merkwürdigen, nicht sehr appetitlichen Dinge entgegenkam. Sie liebte schwermütige Musik, frisches saftiges Obst und Ananaskonfekt. Auf der Strasse ging sie stets ohne Schirm, beide Hände im Muff oder in den Taschen der kurzen Jacke, lächelnd und neugierig ... Sie gefiel ihm. Er war ihr mit geröteten Wangen genaht, was vom schnellen Gehen, von der Herbstkälte und von Befangenheit gleicherweise herrührte. Sie war auch verlegen, sagte einige Worte, suchte nach einer Pointe und lächelte. Ihr Lächeln war ansteckend.

Gabriele d'Aunay, die Hausfrau, machte sich angenehm bemerkbar. Sie sagte zu ihm: »Warum haben Sie mir eigentlich nicht Ihr Buch gewidmet?« Und zu Mimi: »Er hat wunderhübsche Augen, nicht wahr?« Sie setzte rechts neben sich einen ältlichen Rittmeister, der eine enorme Glatze und einen dicken schwarzen Schnurrbart hatte, und zur Linken placierte sie einen ganz schmalen kleinen Bezirkskommissär, der von Zeit zu Zeit einen sehr feinen Witz fallen liess, immer an Gustav Lynx vorbei, der ihn beharrlich missverstand. Gustav Lynx, Mimis Gatte, trug den linken Arm in der Binde; er war mit dem Pferde gestürzt. Mimi gegenüber lehnte die schwarze hindufarbige Helene Kortmann, geborene Gräfin Tuff, eine junge Witwe, und blickte mit Augen von zartestem Himmelblau den kurzsichtigen Hausherrn an, der, zwischen zwei zu unterhaltenden Damen, verbindlich an dem blassrosa Lachsstück auf seinem Teller herumstocherte. Mimi Lynx war Heinrichs Tischnachbarin.

Heinrich sprach gleich anfangs viel und sehr leise. Er neigte sich beim Sprechen mit seinem rechts gescheitelten dunkeln, vollen Haare zu ihr hin und zerknüllte eine Semmel, wie es seine schlechte Gewohnheit war. Er erzählte der blassen, lächelnden Mimi, die sehr lange, wunderbar dünne Nägel an den unruhigen Fingern hatte, von seinem Innenleben. Er entschuldigte sich, dass er über sich spreche. Aber dessenungeachtet redete er weiter. Seine Stimme war schmeichelnd und hatte einen gedämpften, wie um ein Rendezvous bittenden Klang. Manchmal blickte er auf seine gepflegten Hände und legte die Finger ineinander, mit gesenkten Lidern, so dass die langen schwarzen Wimpern über seine vollen, im Lichte der elektrischen Hängelampe bleichen Wangen, die sich unter den Augen und um die starke, gerade Nase leise und im Laufe des Gespräches tiefer röteten, kleine feine Schatten warfen.

Dann stellte er die Beine auseinander, breitete die silberweisse Serviette mit den feinen grauweissen Girlanden, die er deutlich bis auf jedes Blättchen sah, über seine schlanken hohen Kniee, goss sich aus dem gerippten, silberbeschlagenen Kruge hellgelben Wein in ein grünes Stengelglas und legte behutsam, lautlos seinen Lackschuh an den linken Knöchel der jungen Frau. Sie rührte sich nicht. Und einmal sah sie ihn an mit glänzenden Augen, die jetzt dunkelbraun und sehnend erschienen unter den müden milchweissen starken Lidern, lange, lange ... Endlich schob sie ihm ihr Glas hin, so dass der grosse Smaragd, der über die drei Brillanten an ihrem linken kleinen Finger ragte, an seiner um die Knöchel vor den vier deutlichen grünblauen Adern starkgeröteten Hand ruhte, und bat ihn um einen Tropfen Wein ... Sie sprach wenig. Sie liess ihn erzählen. Und sein Fuss schmiegte sich an ihren Fuss, zärtlich fragend, endlich bittend, ungestüm flehend. Da gab sie leise, ganz leise Antwort ... Um zwölf Uhr ging er mit dem kleinen schmalen Bezirkskommissär, der laut gähnte, durch die stille dunkle Marthastrasse.

»Gefällt Ihnen die Lynx?« fragte Herr von Römer plötzlich.

»Ja ... Sehr gut.« Zögernd, fast misstrauisch.

»Wer hat sie denn jetzt? Wissen Sie's nicht zufällig?«

»Nein.«

Es ärgerte ihn, dass der Mensch ihm das sagen durfte, ihm, der schon ein Recht auf sie besass. Dann trennten sie sich ...

Er dachte an Mimi Lynx. Jetzt sitzt sie im Wagen, an der Seite ihres Mannes. Sie lehnt sich an ihn ... Und dann werden sie langsam die stille Treppe hinaufsteigen, sie müde, mit dem zärtlich zagenden Schritte, der in die Nacht führt, zum Bette ... Was ist er ihr, ihr Mann? ... Sie haben keine Scham voreinander. Sie wird sich entkleiden und die Decke fröstelnd bis zu den Lippen emporziehen. Dann kommt er, wirft sich hin neben sie, zieht die Taschenuhr auf und löscht das Licht aus. Und das Licht der Strassenlaternen zittert über den Plafond ... Ob sie an ihn denken wird? Nein. Sie hat ihn vergessen ... Vergessen? Hat sie denn überhaupt an ihn gedacht? ... Vielleicht. Einen Moment. Beim Abschied. Im Wagen. Bei der Berührung ihres Mannes ... Und wie hat sie an ihn gedacht? Mit einem neugierigen Verlangen? Entkleidet ihr Gedanke den jungen Menschen, der heute in ihr Leben getreten ist? ... Er blieb stehen und horchte in die Nacht. Wolken zogen wild über den tiefdunkeln Himmel. Funken sprühten aus einem grossen Schlot im Hintergrunde. Die Stadt schlief. Die Stille war lastend, beängstigend. Er wollte etwas hören und stiess den Stahlbeschlag seines Stockes gegen die Pflastersteine. Dann zündete er sich eine Cigarette an. Das Streichholz flammte auf, ein warmer Phosphorgeruch stieg ihm in die Nase. Die Flamme frass sich gierig in das Papier. Er warf das Streichholz weg. Es leuchtete hell auf, zuckte und erlosch. Auf dem Turme über der Stadt schlug es ein viertel nach zwölf. Ihn fror. Er steckte beide Hände in die Taschen seines Überrockes, zog die Schultern herauf und ging. Er hörte seinen Schritten zu und dem Rauschen seines Blutes ... Fernes Wagenrollen ... Er liebte Mimi Lynx ...

Damals dachte er viel über sich selbst nach. So gewöhnte er sich immer mehr und mehr daran, seinem eigenen Handeln zuzusehen. Es kam zu einer vollständigen Spaltung seines Wesens. Er war sehr ruhig, immer zuwartend, nicht gerne aus seinem Stuben- und Bücherleben durch gewaltsame Eingriffe aufgestört, etwa durch Besuche von Freunden, die ihm doch nichts zu sagen hatten. Resigniert empfing er diese Menschen, wehrte ihren unaufrichtigen Entschuldigungen und zwang sich zu den Gesprächen, die sie pflegten, diesem Worteaneinanderreihen über Gegenstände ihrer Tage, ohne Sinn, ohne innere Bewegung. Wozu reden die Leute immer? fragte er sich. Sie haben doch kein Bedürfnis zu diesen Kritiken und Reproduktionen banaler Geschehnisse. Leben die Leute ein Traumleben? Sie stehen auf, studieren oder lesen über die Worte weg, wandeln spazieren und bleiben vor jedem Bekannten stehen; sie geben in den »ersten Häusern« Karten ab, gehen spät schlafen, sehen Menschen bei sich; keiner ihrer Dialoge ist ihnen notwendig, ihre Lebensregungen entgehen ihnen, weil sie sie nicht verfolgen. Sie lassen sich leben. Sie empfinden nur die Eindrücke der Oberfläche, sie denken nicht nach über ihr Gestern, sie sorgen nicht um ihr Morgen. Und dann treten sie in die Berufe, geben wieder Karten ab, essen, schlafen, heiraten, sehen Menschen bei sich, bekommen Kinder, deren Sein sie nicht wollten, streben einflussreiche Posten an und rauchen unzählige Cigaretten. Endlich werden sie älter, »erfahrener«, und schliesslich legen sie sich dem Tode in die Arme, ohne Wachstumsringe gefühlt zu haben, und sterben. Nein, sie lassen sich töten. Und mit diesen Menschen muss man umgehen? Man darf sie nicht erschlagen wie Fliegen, die einen ärgern? Warum nicht? ...

Er ging zu Mimi Lynx und brachte ihr seine »Nächte«. Sie dankte und blätterte in den starken schwarzgeränderten Seiten. Dann sah sie ihn an, lange, unter den müden Lidern heraus mit einem Lächeln um die kurzen Oberlippen, das ihm vegetabilisch schien, wie Pflanzen lächeln mögen, wenn die Winde der Zeit an sie stossen, Pflanzen auf ihren locker wurzelnden Stengeln, die lächeln, bis einer kommt und sie gedankenlos abbricht, an ihnen riecht und sie fallen lässt ... Er setzte sich neben sie im Zwielicht der gestickten Stores, verschränkte die Finger über den schmalen Knieen und dachte angelegentlich daran, dass ihm Schweiss vom schnellen Gehen auf der Stirne stand und dass seine Lippen brannten vom vielen Schneuzen ...

Er tastete mit seinen Worten an ihr herum. Er überlegte, ob er eigentlich jetzt noch von ihr gehen und sie vergessen könnte. Er wusste es nicht. Mimi Lynx sass gegen die steifen »Eselstaschen« gelehnt und nippte an einer Cigarette. Er betrachtete sie und sagte ihr: »Sie sind schön und unbefriedigt. Sie verstehen von den Dichtern nichts als die Worte der Liebe. Sie haben eine unreine Phantasie. Ihre Lippen vertrocknen, weil sie nicht zusammenkommen. Sie putzen Ihre Zähne und Ihre Fingernägel drei bis viermal des Tages, weil es Sie freut, sehr sauber und sehr gut erzogen zu sein ... Sie würden jeden nehmen, der Ihnen gefällt, wenn es bequem möglich wäre ... Sie müssen sehr schöne runde Arme haben, die unmerklich in die Schultern übergehen. Ich sähe Sie gerne mit schmalen grünen Bändern über den Achseln, mit blossem Nacken und in einem schwarzen Sammetkleide, das nur bis unter die Schultern reichte und straff wie ein Mieder wäre. Es würde mir Freude machen, Ihre Haare in einen festen Knoten zu frisieren, der Ihren Stirnadern weh tun sollte.« Er dachte Literatur. Es war ihm um den seltsamen Eindruck zu tun. Sie hörte ihm zu und lächelte. Sie verwies ihm nichts ... Dann kam Gustav, der Gatte, und sie sprachen vom Tennis, von Wien, dem Turf. Gustav, der Gatte, machte einige Witze über das Dichten. »Die Mimi dichtet auch.« Sie lächelte ...

Einmal kam er, um sich zu verabschieden. Sie war im Garten, auf dem die müde kraftlose Herbstsonne lag, trug ein Rohseidenkleid mit dunkelroten Handstickereien, und ein breiter Sommerhut hing ihr am Arme. Sie strich sich die kleinen Haare an den Schläfen zurück und gab ihm die weiche, kühle Hand. Er hielt diese lange, sah die junge Frau an und liess in seine Augen eine gewollte Sinnlichkeit steigen. Da zog sie die Hand zurück und schlenderte ihm voran. Er fragte sie, ob er ihr gelegentlich neue Gedichte senden dürfe. Sie sagte: »Ja, bitte. Tun Sie das.« – »Werden Sie mir antworten?« – »Ja«. Dann ging er. Sie sah ihm nach. Einmal drehte er sich um. Sie stand da, schlank und so weich, gleichsam zärtlich im Nachmittagslichte. Er fühlte: Sie sonnt sich. Er verneigte sich. Sie lächelte ...

Als er im Coupé sass und die Stadt allmählich in einem trüben Novemberhimmel verschwand, stieg ihm eine unendliche Traurigkeit in die Kehle. Er lehnte den Kopf an die Scheiben und zwang seine Augen, die Aussenwelt zu bemerken. Aber sie gingen immer wieder in seine Seele und halfen ihm weinen. Das Leben schien ihm herb und hämisch. Es war aus einer wunderschönen Maske geglitten und zeigte ihm hässliche und höhnische Züge. Und hinter ihm lag alles, was lebenswert war. Sonst war er mit einem heftigen Heimweh nach der Mutter geschieden, die er immer, ihre Tränen erstickend, mit vorgebeugtem Halse, um den Blicken der Menschen ihr Leid zu entziehen, rasch über den Perron zum Ausgange eilen sah, wenn der Zug aus der Halle fuhr. Heute war dieses Weh anders und viel heftiger ... Plötzlich begann er sich in seinem Unglücke zu gefallen. Er kokettierte mit seiner Traurigkeit, sah sich wieder einmal leiden zu. Er dachte: »Jetzt bin ich so elend! Und ich fahre nach Wien, in dieses grausame Wien, das mir sein Leben aufdringt und die nüchterne Geschäftigkeit seiner teilnahmslosen Menschen. Ich komme in meine Wohnung, die mich nichts angeht, nichts von mir hat in ihren Mietmöbeln, in ihrer ausgeräumten Kahlheit, die ich erst wieder zudecken soll.« Er zündete sich eine Cigarre an und holte ein Buch aus der Tasche hervor, Maupassant, Pierre et Jean, las einige Seiten. Die Cigarre kohlte ... Er stand auf und trat in den schmalen Gang hinaus. Langhingedehnte, traurige, traurige Felder. Mässige Hügel. Eine fürchterliche Oede lag über dieser nebeligen kühlen Landschaft. Das Gras an den Dämmen war nass und zertreten. Die Telegraphenstangen flogen an dem Fenstergeländer hin. Der Himmel war grau. Grau wie die Tage, die ihn erwarteten. »Was werde ich aus diesen Tagen herausholen, ich, der ich ihnen nichts zu geben habe als meine Sehnsucht?«

Er ging in das Coupé zurück, schob die Türe zu, denn ihn fror, hüllte sich in seinen Plaid und nahm wieder das Buch vor. Aber das Lesen freute ihn nicht. Er hatte keine Ruhe. Er sah nach der Uhr. Wie die Zeit zögerte! Und plötzlich überfiel ihn wieder einmal tiefe Angst vor der Zeit. »Jetzt scheint sie zu stocken, aber das ist nicht wahr. Sie rennt, sie stürzt in die Ewigkeit. Ich komme ihr nicht nach. Was will ich alles! Was habe ich getan? Nicht einmal französisch kann ich so lesen, dass ich niemals übersetzte, dass mir niemals ein Wort mangelte! Und ich lese doch fast nur französisch. Was tue ich eigentlich? Wozu bin ich?« Und er sehnte sich nach dem Freunde, der erst nachkommen sollte. Der half ihm immer mit seiner Skrupellosigkeit. Der lebte, weil er dem Leben sein Recht zugestand. Er aber liess keine Stunde unzerzaust an sich vorüber ... Dann begann er sich zu trösten. Alles sagte er in stummen wohlgefügten Sätzen, er dachte es nicht: er redete. Und zwischen den Speichen seiner Rede wanden sich windschnell die Gedanken, und an ihnen hielten sich die Gedanken über die Gedanken geklammert, und wenn er ein wenig die Zügel seines Monologes fallen liess, hörte er das alles mit den feinen Ohren seines Gewissens und fürchtete sich vor dem Wirrwarr seiner Seele ... Endlich war er in Wien ...

Als er wieder in seinem Zimmer stand, vor dem unausgepackten Koffer, fiel ihn diese grausame Sehnsucht von neuem an, alle Fänge hackte sie ihm ins Herz, das sich krümmte und blutend zuckte. Er presste seine Hände an die Augen, bis sie schmerzten, so dass rote und blaue Lichter wilde Kreise vor seinen geblendeten Blicken schwangen, als er sie frei gab. Dann seufzte er auf und rief nach dem Mädchen. Er wollte einen Menschen in seiner Nähe haben ... Sie half ihm beim Einräumen der Kasten ... Jedes Stück hatte ihm die Mama sorgfältig in den Koffer gelegt, ein Hauch von ihr war noch um all die Sachen, der sich jetzt verflüchtigte, als sich der Raum rasch und rascher leerte. Endlich schlug er den Deckel zu. Hell klirrte das Schloss. Er war wieder zu Hause ... Schnell zog er sich um. Er musste fort. Zu Menschen. Lachen hören, Gesichter sehen, reden, reden. Und schon fürchtete er sich vor dem Nachhausekommen. Da fiel ihm die Rettung ein: trinken wollte er, bis er müde würde, zum Umfallen müde ... Er eilte in die Stadt.

Als der Hans kam und von der Sonne begehrte, dass sie ihm zuliebe erst um zwölf Uhr mittag aufgehen sollte, als er mit seiner ausgelassenen Laune eines, der die Zügel über den Kopf geworfen hat, nach »Festen« rief, gewann alles ein anderes Aussehen. Die Strassen, die sie Arm in Arm durchwanderten, weiteten sich, die Häuser grüssten freundlich mit ihren prunkenden »Auslagen« und den spiegelblank geputzten Fenstern, die Leute hatten ihre besten Kleider angezogen und trugen ein pfiffiges Lächeln um die Mundwinkel: »O wir verstehens auch!« ...

Ihre Wohnung bestand aus zwei grossen Zimmern im zweiten Stocke eines Hauses in der Alserstrasse, die von dem Vermieter, einem Agenten in Majolikawaren, mit Vasen, Krügen und Jardinieren vollgeräumt waren. Sie verrückten alle Sophas, schoben Tische und Tischchen herum, drapierten die Wände und pfiffen in den Sonnenschein ... Frau Martha L. schrieb an Heinrich ... Der Sommer erstand vor ihm.

Sie hatte mit einem alten guten Gatten und einem Töchterchen in den Zopfjahren ein nur selten durch Stadtbesuche unterbrochenes Landleben geführt. Aber man erzählte allerhand. Den Heinrich reizte es, dass sie ihn als Kind gekannt hatte und stundenlang seinen Spielen zugesehen haben sollte. Diese Frau mit dem graziösen Halse und den feuchten schwarzen Augen, die ihn als Buben von fünfzehn Jahren einmal durch ihre spröde unnatürliche Stimme aus aller Fassung gebracht hatte, zu besitzen, lockte seine nach seltsamen Begebnissen lüsterne Phantasie. An einem drückend heissen Julimittage kam er zu ihr, verschwitzt, sonnenrot, verlegen und eigentlich unberührt. Er war den Berg hinaufgerannt. In einem schwarzweisskarierten englischen Kleide empfing sie ihn, freudig, wirklich angenehm gestimmt durch seinen Besuch, der durchaus nicht der heranwachsenden Tochter galt. Sie sah ihn an, lächelte und dachte: »Wie hübsch er ist!« Er sagte ihr seine Neigung in langsamen, um Vergebung bittenden Worten, und sie fand ihn »eigen« ... Der Ahornbaum vor dem offenen Fenster verschattete das kühle weite Zimmer mit den zahllosen Photographien und den schweren Salontisch-Prachtwerken. Alles wurde so unwirklich, seltsam gedämpft durch diesen milden alten Baum ... Sie gab ihm die Hand. »Ich habe Ihre Gedichte gelesen. Sie sind ja ein wahrer Poet!«

Was sie sagte, war sehr dumm. Sie sprach überhaupt selten anders als dumm ... Ihm aber schien es, als sei erst mit ihren Worten die Krone der Vollendung auf seine Stirne gedrückt worden. Er hätte sie küssen mögen nur um dieser dummen Worte willen.

Er wollte ihr erwidern, aber er fühlte, es werde etwas ungemein Läppisches herauskommen. Da schwieg er.

Sie sprach weiter. Ihm gegenüber war sie ja so stark. »Und werden Sie die Dichtkunst auch weiterhin betreiben?«

Als ob sie ihn gefragt hätte: »Und werden Sie das Rasieren auch weiterhin betreiben?« Er wurde irre an ihr. Er ärgerte sich fast. Und da sagte er: »Gewiss. Aber ›betreiben‹ ist doch wohl nicht das richtige Wort.« »Excusez, monsieur«, sagte sie. Sie liebte französische Brocken.

Er trocknete sich den Schweiss von der Stirne und war wieder ganz klein, ganz erbärmlich ... Da kam ihr Mann. Das war auch einer von denen, die lächelnd umhergehen, »guten Tag« sagen und blind für das nächste sind. Er war sehr jovial und freute sich »riesig«.

Sie dachte: »Ob Ernst eifersüchtig sein wird auf das Kind? ...« Es war gut, dass Ernst nicht da war. Denn das war der Mann, vor dem ihre arme Seele kniete ... Dann rief die kleine Grete zum Tee ... Das war im Sommer gewesen.

Jetzt schrieb sie ihm:

> »Es war sehr freundlich von Ihnen, sich Ihres Versprechens zu erinnern und danke herzlichst hierfür – bis jetzt war ich noch nicht in Wien – vielleicht komme ich noch vor Weihnacht, Einkäufe besorgen und wieder mal Grossstadtluft atmen – bezüglich des Nichterscheinens meines Photo muss ich um Entschuldigung bitten usw. – Und nun à dieu, mein junger Freund, seien Sie usw.«

Ein Stil! Ja, sie war dumm. Dumm und schön. Eigentümlich. Keine andere Frau war so überzeugend Weib, so ganz dazu da, dass die Männer hingehen und verrückt werden vor Begehren.

Er sass an dem polierten Schreibtisch, der seinem verwöhnten Geschmacke oftmals Qualen bereitete, und sah in die dunkeln Fensterscheiben. Die Lampe spiegelte sich in der linken unteren. Er kam sich ungemein bleich, »pensif« vor. Er betrachtete diese undeutliche Wiedergabe seines Gesichtes unter den zerzausten welligen Haaren. Dann schrieb er ein paar Verse. Der letzte wollte keinen Reim dulden. Unwillig schob er das Papier in die Mappe ... Da kam der Hans. Natürlich von der Paula. Eine Gardenie im Knopfloch, eine »Festrübe«, eine »Flor de Cuba«, im Munde. Er warf Überrock und Cylinder auf den türkischen Diwan unter der Petroleum-Hängelampe, rieb sich die Hände, pfiff durch die Zähne und wollte gefragt sein. Aber Heinrich hatte keine Lust. Endlich tat er ihm die Freude ... Die Paula war seine Entdeckung. Eine kleine blonde Schauspielerin, eine »Bestie«. Er hatte sie auf der Strasse angesprochen. Sie war anfangs entrüstet gewesen, diese kleine, blasse, à la Botticelli frisierte Person mit den zärtlichen grossen rehbraunen Augen. Da liess er einen Namen fallen, langsam, siegesgewiss: Rose Barune Merony. Das wirkte. Eine Freundin. »Meine beste Freundin.« Und dann wurde er für Montag zum Tee geladen. Er kam und fand bei ihr die Seiler, eine Choristin aus der Josephstadt. Die Paula gefiel ihm. Sie lebte in einem geschmackvollen Bric-à-Brac von Stand-Lampen mit Abas-Jours, japanischen Ofenschirmen, Blumen und Bildern, zeigte einen sehr schönen winzigen Fuss in einem nagelneuen Lackschuh und zerbiss mit herzigen Mauszähnchen Konfekt. Er lud sie zu sich ein. Sie nahm an. »Die Giesi muss mit«. »Gewiss. Sehr gern« ... Um acht Uhr holte er sie aus dem Theater. Sie wolle sich noch umkleiden. Er dürfe hinauf, aber »Ehrenwort, anständig sein!« – »Ehrenwort!« – Und er hatte es gehalten ... Sie waren allein in der Wohnung gewesen, ganz allein. Er sass vor dem roten, gelbgezeichneten Sekretär und las: Karl Maria H..., »Gedichte«. Sie wechselte im Nebenzimmer die Toilette. Er hörte das Rauschen der Seide. Denn es gab keine Türflügel, keine Portieren zum Schlafgemache ... Endlich kam sie, lächelnd ... Er war sich damals ungemein läppisch vorgekommen.

An dem Abende lernte sie der Hans kennen und verliebte sich in sie. Natürlich ... Jetzt steckte er immer mit ihr zusammen. Das kostete sehr viel

Geld. Aber ohne Erfolg ... Und heute wieder wie immer: Causerie, Dummheiten, ein halbes Dutzend Handschuhe, eine Bonbonniere ... Heinrich seufzte. Er war sich nie recht klar geworden darüber, ob er sie gern hätte. Jetzt wusste er es. Auf jede Einzelheit dieser drei regnerischen Nachmittagsstunden war er eifersüchtig ... Es läutete: der Briefträger ... Zurückgesandte Manuskripte: »Leider sind wir derzeit überhäuft ...« Dann ein grosses starkes Kuvert mit einer niedlichen schiefen Schrift. Er studierte den Poststempel. »Ah!« ...

Geehrter Herr D.!

Besten Dank für die freundliche Übersendung Ihres neuesten Werkes.

Ich habe es bereits gelesen, und es hat mir gut gefallen. Wo soll es denn zuerst aufgeführt werden? Waren Sie schon bei meiner Schwägerin Nina? Der müssen Sie's auch zeigen oder noch besser vorlesen. Es grüsst Sie herzlich

Mimi Lynx.

Nacht. Heinrich sass an seinem Schreibtische und verfolgte den Schatten der Feder, die lässig über den glänzend-weissen Bogen zog. Er schrieb an »Psyche. Ein Mysterium.«

Es war totenstill um ihn. Die Lampe beleuchtete voll die Tischplatte, das Fenster bis in die halbe Vorhanghöhe und den schweren Spiegelkasten. Keine Uhr tickte. Von draussen kam gedämpftes Strassenleben herauf: Wagenrollen und Tramwayklingeln. Er lag über dem Papier und fühlte sich müd und traurig. Weltverlassen erschien er sich, elend ... Er dachte an den Sommer, an die Zeit beim Hans, an den Wald und die hohen, hohen weissen Wolken. Martha L. stieg aus der schwerfälligen Landkalesche und wanderte leicht und lautlos zur roten kleinen Dorfkirche ... Er dachte an diese wundervollen Sommernächte. Wie sie beide, er und der Hans, einander gegenüber in den breiten Betten in ihrem selbstgeschmückten Heim unterm Dache fast bis in den Morgen hinein gelesen und geplaudert hatten, während der Mond durch die schmalen Rundbogenfenster ins Zimmer lugte. Oft war er aufgestanden und ans Fenster getreten. Diese klare silberne Kühle draussen! Die stillen hohen schwarzen Pappelbäume und drüben der Wald mit weissen Kronen. Der Himmel rein, dunkelblau, unendlich über dem Berge und über dem träumenden Garten, der an Eichendorff gemahnte und die Posthorntage ... So fern alles, vergangen, nie mehr zu haben, nie mehr! ... Dann sah er die Paula auf der Bühne, unwahr, fremd, mit traditionellen Gesten, hörte ihre Bühnenstimme und ihr Bühnenlachen ... Die Paula, wie er sie auf dem »Ring« getroffen hatte, verdrängte die Schauspielerin. Er konnte sie nicht aus dem Cylinderglänzen und dem trüben nassen

Herbsthimmel bringen, sie wanderte immer an der Seite ihrer »Gesellschafterin« vor ihm her, immer vor ihm her, er sah ihren geschmeidigen Rücken in der pelzbesetzten weiten Jacke, die Hand, wie sie das Kleid hielt, den hohen Absatz, der unter dem Saume erschien ... Dann schrieb er wieder einige Zeilen ... Plötzlich hielt ihn seine Schöpfung fest, die Worte wollten ins Leben, er unterlag ihnen, willenlos liess er sich mitnehmen von der Schönheit ihrer Leidenschaft. Er schrieb, dass die Feder unwillig krächzte. Sie kam den Gedanken nicht nach, sie wehrte sich. Und auf einmal überfiel ihn eine namenlose Angst, die Angst vor den eigenen Worten, vor diesen seltsamen schlanken Versen, die aus ihm kamen, lautlos, selbstverständlich, und sich ins Sichtbare, ins Gewisse verwandelten unter der schwarzen Spitze der hässlichen Feder. Hinter seinem Rücken lag die Finsternis, lag das unheimliche, unhörbare Leben der Finsternis eines verlassenen Zimmers, dessen Türflügel weit offen standen. Eine eisige Kälte kroch ihm über den Rücken, seine linke Hand, die auf dem beschriebenen Bogen ruhte, begann bis in den Arm, bis in die Schulter zu zittern, er hätte aufgeschrieen, wenn er den Mut dazu gehabt hätte ... O, wenn der Hans jetzt käme! Diese warme Stimme, diese lebensfreudigen Schritte, wenn er sie gehört hätte! ... Er hielt inne und lauschte. Er vernahm nur sein Blut, und dann fiel sein Blick in die spiegelnde Scheibe, und er sah sich in einem weissen Lichtschimmer, unwirklich, mit tiefen dunkeln Augenflecken ... Die Angst stieg um ihn in die Höhe, langsam, feierlich wie Rauchsäulen; in seinen Ohren klang sie, und etwas Grässliches, Grosses, Eiskaltes nahte, schritt aus der Finsternis hinter ihm heran ... Jetzt senkte sichs wie eine Hand herab, sie wollte auf seiner Schulter liegen, er bückte sich, kroch in sich zusammen, erschauerte vor Kälte ... Da ging die Türe. Er schrak zusammen und schrie ... »Servus,« sagte der Hans, »was hast Du denn?« Alles war vorbei. Er drückte ihm zärtlich, dankbar die Hand. »Was hast Du denn?« »Nichts, nichts.« Und er fühlte mit Entzücken, wie es um ihn lichter und wärmer wurde, wie ein Ring um seinen Kopf zerfiel, wie seine Glieder aus ihrem Erstarren sich lösten ... Dann zündete er sich eine Cigarette an und sah sich im Zimmer um. Da stand ein Diwan, dort das Bett, und die Tür war offen, und die Klinken glänzten so gemütlich ... Er stand auf und ging umher ... Der Hans erzählte von der Paula ...

Mimi Lynx war in Wien. Sie hatte an Heinrich ein paar Zeilen gesandt. Er traf sie bei der Baronin Nina E., ihrer Cousine. »Sie sind in Wien, gnädige Frau?« »Wie Sie sehen, Herr Heinrich.«

Es war ein warmer Novembernachmittag. In dem kleinen Boudoir der Baronin Nina wartete ein Strohteetisch mit mehreren Etagen unter einer langen gravitätischen Reihe dickbauchiger orientalischer Krüge auf einem Wandbrette. Ein hellgelbes Halbkreissofa war von niedrigen japanischen

Wänden fast umstellt. Dieser Teil des Zimmers mit dem hoch an der halb getäfelten Wand hinaufreichenden dunkelroten Kamin lag im Schatten. Am Fenster stand ein Blumentisch und ein überladener zierlicher Schreibtisch aus goldbemaltem Ebenholz. Ein lebensgrosses Kniestück der Baronin auf einer schlanken Staffelei zeigte die kleine weiche Frau in grosser Toilette, einen roten Plüschmantel um die vollen Schultern ... Nina E. hatte es verstanden, ihren Salon beliebt zu machen. Sie hatte sich die ganze Gesellschaft erobert durch die unnachahmliche Grazie, mit der sie allen Leuten Liebes und Gerngehörtes auf eine diskrete Art sagt. Die jungen Herrn besonders schwärmten von ihr. Und keiner wagte sich mit Andeutungen an ihre Person. In einem ständigen Verkehre mit diesen Damen der höheren Halbwelt hatte sie sich rein zu erhalten gewusst und liebte ihren Mann. »Es ist charmant und soll de facto wahr sein,« hatte sich die Gräfin Anna Wartnegg-Zierlinska, die »kompetent« war, darüber geäussert. Nina E. besass zwei blonde Mädchen, deren Lachen das Vestibül des kleinen Hotels erfüllte, wenn der Besucher dem Diener seinen Mantel übergab. Denn die Kinder bewohnten das Parterre und machten kein Hehl aus ihrer Gegenwart. Diese zwei kleinen Stumpfnasen wussten, dass sie im Hause etwas bedeuteten.

»Nehmen Sie eine Tasse Tee, Herr von D.?« fragte die Hausfrau mit ihrem gütigen Lächeln, das die alltäglichsten Worte zu kostbaren Liebenswürdigkeiten umschuf.

»Bitte, Baronin, sehr gern.«

Und nun sassen sie beim Tee, und Mimi naschte Bonbons aus einem grossen violetten Ridikül, rauchte Cigaretten mit Goldmundstück und spielte mit drei ernsten Pagoden wie ein kleines Mädel. Er freute sich, sie war übermütig, und Nina gab dem Ganzen die milde Weihe. Er dachte: »Wenn diese Frau dabei sässe, würde eine Marquis de Sade-Scene zu einem Kinderstubenscherz an einem schulfreien Nachmittage.« Endlich küsste er den Damen die Hand, nahm seinen Hut und Stock und verneigte sich. »Besuchen Sie uns in der Oper, wenn Sie wollen, Herr von D.,« sagte die kleine weiche Frau und nickte mit dem schlanken Madonnenhalse: »Erster Rang 26.«

Nach dem Theater wollte Mimi eine Strecke zu Fuss gehen. Die Baronin Nina schickte den Wagen voraus, und sie schritten schweigend über den Ring. Heinrich sah auf ihre Schatten und freute sich, wenn Mimis Schatten und sein eigener aneinander gerieten. Einmal kam er mit seiner rechten Hand an ihren Handschuh. Es durchfröstelte ihn. Und er versuchte, das leise Anstreifen zu wiederholen. Sie gelangten an die Tramwaygeleise. Die Laternen hörten auf, die Schatten verschwanden. Da nahm er seinen ganzen Mut zu einem Wagnis zusammen und ergriff Mimis kleinen Finger. Sie liess ihm den Finger. Er drückte ihn, dann umschmeichelte er die ganze Hand. Sie steckte ihren kleinen Finger in die Oeffnung seines Handschuhes über dem Gelenk und tastete höher nach der Handfläche. Er sah sie an. Schon näherten sie sich wieder den Laternen. Da griff er in die Tasche, holte eine Cigarettendose hervor, liess das Schloss Ninas wegen laut knacken und zog dann den rechten Handschuh aus. Die Berührung war jetzt unmittelbarer. Er bebte am ganzen Körper ... Wieder Laternen: die Schatten kamen rasch um ihre Gestalten herum und wuchsen vor ihnen in die Länge. Klar und scharf wanderten sie vor ihren Füssen. Er steckte beide Hände in die Taschen und begann auf einmal allerhand Dummheiten zu erzählen. Manchmal kam die Stimme der Baronin herüber wie aus der Ferne, sänftigend ... Der Wagen wartete. Die Damen stiegen ein. Er zog den Hut. Beim Handkuss hatte er Mimis Hand umgedreht und seine Lippen in die Oeffnung des Leders gepresst. Sie stand vor ihm und verbarg seinen geneigten Kopf instinktiv vor Nina ... Er sah ihr in die Augen. Das volle Licht der Laterne fiel auf sie. Sie hatte etwas wie Winken in den Augen, ein Leuchten innerer Freude ... Der Wagen rollte davon ...

Sie schrieben einander. Sie holte sich allwöchentlich ihre Briefe von der Post. Er erhielt jeden Samstag seinen Bericht. Und die Briefe wurden immer intimer ... Als er am zwanzigsten December nachmittags halb drei Uhr in ihr Boudoir getreten war, in dem sie ihn am Fenster hinter den Stores erwartet hatte, legte er seinen Hut auf den Sessel neben der Türe, zog dann den Flügel hinter sich zu, versicherte sich überflüssigerweise mit einem Blicke, dass ausser ihr niemand im Zimmer sei und sagte nur: »Mimi« ... Sie kam ihm nicht entgegen. Sie wartete. Er machte zwei Schritte und blieb stehen. Das Zimmer war dunkel. Der Schneehimmel hing tief. Die Glasrahmen der Photographieständer auf dem Schreibtische glänzten. Das sah er ... Da machte er noch einen grossen Schritt und umfing sie ... Er sass auf dem Sofa, hielt sie auf seinen Knieen und küsste ihre Finger, einen nach dem andern, und dann küsste er die Hand an den feinen blauen Adern entlang bis unter den Ärmel, und plötzlich packte er sie und küsste sie auf die Augen, in die Augenhöhlen unter den Brauen, auf die Nasenflügel, an den Wangen herab bis unter das Kinn und hinter die Ohren. Sie zitterte. Sie schmiegte sich an ihn, dass er ihr Herz klopfen hörte, und er hielt inne mit seinen Küssen und lauschte. Da mit einem Rucke warf sie ihren Kopf zurück, ergriff mit beiden Händen sein Gesicht, zog es zu sich herüber und presste ihre Lippen in seinen Mund. Sie hielten den Atem an, sie sahen einander in die Augen, bis sie übergingen. Vor Schmerz liess sie ihn los und atmete tief ... Da er sie leise wiegte, lehnte sie sich in seinem linken Arme schwer nach rückwärts und senkte den Kopf hintenüber, bis sich die Haut an Kinn und Hals so straff spannte wie Papier über einer Kante, wenn es am zerreissen ist. Er beugte sich zu ihrem Halse und küsste sie gerade auf die Kehle. Sie lachte und wand sich, weil es sie kitzelte. Und dann sagte sie leise, ganz leise und durch feuchte, volle Lippen: »Dummi, kleines Dummi!« ...

Er kam oft. Sie erwartete ihn, empfing ihn lächelnd wie immer und verlor nie den Blick für die Gefahr der Verhältnisse. Das brachte ihn auf böse Gedanken. Sie schien die Aufregungen einer Liaison zu kennen und erfahren die Momente des Vergnügens zu arrangieren. Aber da er sie lieb und zärtlich fand und die Überzeugung, dass er jetzt wenigstens der einzige sei, sich täglich festete, schüttelte er die unbequemen Beschuldigungen ab, küsste und freute sich seiner Jugend und der neuen eigentümlichen Steigerung seines Wesens ... Dabei studierte er zur ersten Staatsprüfung, bruchstückweise, nicht eigentlich mit Unlust, fast vergnügt, einen schönen Lohn vor Augen. Ausserdem waren die Festtage da, die Weihnachtswoche mit den vielen Urlaubern, den lange nicht gesehenen, aus allen Weltgegenden in der Heimatstadt zusammengeschneiten Bekannten. Es war ihm wie ein Fest, das man in einer Flucht glänzender Säle gibt. Man geht umher, reibt sich die Hände, hat ein Lachen um den Mund und spricht da freundlich, dort ernster, reicht die Finger, drückt die Hand, klopft auf die Schulter und macht Witze, wie's eben kommt, unantastbar als bekannter Hausherr, gern gesehen, freudig begrüsst. Dazu das Eislaufen, die lustige, kühne Bewegung im Freien: leicht gekleidet in der Winterkälte, eine Cigarette im Munde, und man ist so verwegen, alles zu unternehmen, vor nichts zurückzuschrecken. Eine schöne, selbstbewusste Zeit. Er war Mimi dankbar ... Und merkwürdig: ihren Mann gewann er täglich lieber.

Er schrieb eine Salonbluette und las sie ihr vor. Sie sass auf seinen Knieen, küsste ihn auf die Nasenspitze und trieb Unfug wie ein kleines Kind ... Manchmal kam der lange bleiche Toni Richterstätten um diese Nachmittagszeit, ja oft traf er ihn schon an, wenn er ins Zimmer trat, behaglich rauchend im Fauteuil zurückgelehnt, überlegen, geheimnisvoll und wie verständnisinnig lächelnd. Anfangs ärgerte er sich. Später sagte ihm die Gerechtigkeit, dass ihm der Toni ungemein sympathisch sei mit seiner ruhigen Pose eines Vollkommenen. Und wenn Mimi gar von seiner Hässlichkeit begann, fühlte er sich so sicher, dass er ihn verteidigte ...

Am zwölften Januar fuhr er wieder nach Wien und stürzte sich in den Fasching. Mimi kam auch auf ein paar Tage. Aber sie hatten einander nie. Sie mussten immer vor Leuten verkehren. Das war ermüdend und eigentlich fad. Zu all dem drängte das Lernen. Oft schlief er beim Buche ein in der behaglichen Ofenwärme des neu gemieteten kleinen »altdeutschen« Zimmers, wenn unten im Hofe ein Leierkasten melancholisch werkelte ... Endlich packte er seine Sachen und fuhr, einem plötzlichen Entschlusse folgend, Hals über Kopf nach Hause. Es war im März. Schon meldete sich der Frühling. Der Schnee zerging in den Glacis-Anlagen, viele Vögel sassen auf den Telephondrähten, die Bäume waren schwarz, und die Leute rannten halbe Tage spazieren ... Er rettete sich von der Spätsaison, was zu retten war, selbst die Neigung der spröden, blassen Helene Savines, die allen schnippische Antworten gab und unbeliebt war in der »exklusiven«, titelsüchtigen Provinzgesellschaft. Es war ein pikanter Flirt. Sie stritten eigentlich immer miteinander, kämpften spöttisch mit schmalen spitzen Bonmots, aber sie suchten einander und unterhielten sich ... Mimi blasste etwas ab. Sie wurde zur Gewohnheit. Die schlanke Helene war neuer, unberührter, sie reizte durch die Hecken, die stachlig und kraus um sie sprossten.

Von ferne liess er alle seine Wünsche manchmal zu der Baronin Lili Grossmölk fliegen. Die übersah ihn gänzlich. Das kränkte seine Eitelkeit. Aber er studierte die jeweiligen Günstlinge und beneidete sie.

Mit Mimi sprach er oft von der biegsamen, graziösen Frau, deren Kameengesicht so unbewegt blieb durch Tanz und Wein.

Helene ward ihm verleidet durch ihr Kokettieren. Sie hatte dabei eine Art, über ihn weg zu reden, die ihn bei ihrer sonstigen Vertraulichkeit verdross.

Überhaupt fiel ihm plötzlich ein, der ganze Unsinn sei nicht nötig. Er fuhr wieder nach Wien.

Mitte Mai kam er zurück. Er spielte den Blasierten und hielt lange Reden über Nichtigkeiten. Merkwürdigerweise war er auch ins systematische Studieren geraten. Daneben forcierte er das Rudern. Er gefiel sich in dem glatten Trikot, mit den mageren weissen Knabenarmen. Und jetzt verliebte er sich eigentlich erst recht in Mimi.

Einmal kam er zu ihr am Nachmittage. Sie war im Gartenhause, lag auf einer grünen Bank und schien gelesen oder geträumt zu haben. Damals war sie ihm etwas ganz Neues, Seltsames. Sie kam ihm wie nackt vor. Sie hatte ein sehr weites hellblaues Bebékleid an, das eine Gürtelschnur um die vollen Hüften zusammenhielt, und so feine schwarze Seidenstrümpfe, dass ihre Waden unter seinem Blicke zu erröten schienen. Als er sich zu ihr setzte, legte sie ihm beide Füsse in den Schoss. Er zitterte. Sie schob sich langsam, die blossen Arme unter dem lockeren dichten Haare gekreuzt, zur sanft gewölbten Kopflehne hinauf. Dabei stemmte sie ihre Beine gegen ihn und seufzte. Dann lächelte sie wieder mit ihren starken Raubtierzähnen und schloss die breiten weissen Augenlider. Ihm war heiss vom Gehen. Das verdunkelte Gemach roch nach süssem Parfum, »Kirschblüten«. Er beugte sich und küsste ihren Fuss über der Masche an dem zarten Lackschuh. Sie streifte die Schuhe ab und schleuderte sie in die Mitte des Zimmers. Dabei verschob sich das Kleid bis unter das rechte Knie. Ihn ängstigte die schwüle Stille ...

Die Türe knarrte. Er sprang auf. Knox, der stichelhaarige Irishterrier drängte sich mit schnuppernder Nase herein. Und nun setzte die Aussenwelt wieder ein, die Blätter vor den Fenstern rieselten wieder im grellen weissen Lichte, die Schmetterlinge flogen über die Beete, und die Kieswege vereinigten sich vor dem grossen roten Majolika-Pilze des Bassins ... Später sassen sie zusammen unter der alten Linde am Gitter, das nach dem Hofe ging, und tranken Tee. Die hübsche schwarze Pepi mit den lüsternen Augen unter den zusammengewachsenen Brauen bediente sie, eine hochbusige, schmalhüftige, braune Wienerin, auf die die Mimi sehr stolz war. »Sie hat Rasse, das Mädel. Gefällt sie Dir nicht?«, hatte sie ihn schon oft gefragt. Und »Warum küsst Du sie nie? Küss' sie einmal vor mir! Ich möchte sehen, was sie macht?« Diese Reden hatten ihn immer geärgert. Und er schämte sich vor der Pepi, wenn er sie fragte, ob die gnädige Frau zu Hause sei. Heute schien sie ihm besonders mokant und innerlich überlegen lächelnd. Er sagte das der Mimi. »Sie hat recht, die Pepi,« sagte die junge Frau in dem zarten hellblauen Kinderkleide und setzte die goldrandige Tasse vom Munde. Die feuchten roten Lippen in dem blassen Gesichte dunkelten wie blutende Wunden. »Du bist auch ein ganz fürchterlich dummes, dummes Bubi!« »Warum?« Er presste sein Knie an ihr Knie, das nackt und kalt sich fühlen liess. »Warum?« ... Sie trank, leckte sich die Mundwinkel mit der raschen hellrosa Zunge und lehnte sich im Schaukelstuhle zurück. »Weil Du das nicht nimmst, was man Dir geben will.« Er sah sie an, lächelte, wie er meinte, unsäglich dumm, errötete dann über sein Lächeln und schneuzte sich ... Da kam der Gatte mit drei grossen Doggen und gab ihm die Hand. Es schlug fünf ...

Er war traurig, unendlich traurig. Dass er sich immer ja noch einmal erschiessen konnte, genügte ihm heute nicht. Das war doch gar zu schmählich. Und ist es damit auch aus? Ja, sagt man. Wer ist das »man?« Also nicht einmal das hatte man sicher! Wozu dann das Ganze? Er liebte Mimi. Gut. Übrigens, ob das wahr war? Immerhin durfte er sich's einbilden.

Er lernte für die erste Staatsprüfung, diesmal »Siegel, deutsche Rechtsgeschichte«. Über den »Stadtbüchern« kamen ihm diese Gedanken ... Ein Frühlingsregen ging nieder. Er nahm einen grünen Band mit rotem Schnitt: »Brandes, Naturalismus in England«. Nicht einmal das hatte er ausgelesen! Und es interessierte ihn doch, es freute ihn. Ja, faul war er, faul! Er sagte es sich laut vor, dann warf er sich über die ausgestreckten Arme auf den Schreibtisch und schloss die Augen ... Er musste gähnen. Und Mittag würde er wieder essen, mit Appetit essen. Suppe, Rindfleisch mit

Schinkenreis und grünen Erbsen, drei, vier Stück Hausbackwerk, zwei Glas Wein, zwei Äpfel, ein Stück Brot, zwei Schalen schwarzen Kaffee. Dann würde er lesen bei einer Cigarre um achtzehn Kreuzer. Vielleicht Gottfried Keller, vielleicht Balzac, Père Goriot, wenn er die rechte Aufmerksamkeit haben würde. Und etwas von Baudelaire übersetzen, mit dem Wörterbuche, die verkohlende Cigarre in der Hand ... Oder zur Mimi gehen und dort bis fünf bleiben. Und später bei der Grossmutter sitzen, »Über Land und Meer« anschauen und in einem alten Taschenbuche blättern mit stockfleckigen Stichen ... Das ist Leben! Elend, elend! ... Eigentlich sollte er lernen, fest lernen! Es langweilte ihn so.

Und wozu das? Beamter werden, »eingeführt« werden in Häuser, die ihn nichts angingen, spazieren gehen in diesem Neste mit »Freunden«, willenlos auf und abgehen, bis es ein Uhr schlägt und man nachhause muss. Und in Zeitungen schreiben, zwei-, dreimal die Manuskripte zurückbekommen, da und dort angenommen werden, bekannt werden in Literaturkaffeehäusern und in ostpreussischen Dichterblättern. Pfui! Zu Hause sitzen und zusehen, wie Menschen und Tiere älter werden und trauriger. Oder zu Bekannten gehen und zusehen, wie die Leute dicker und selbstsicherer werden, wie sie an goldenen Uhrketten spielen und Kognak trinken, zuhören, wie sie über ein neues Stück sprechen und über nordamerikanische Silberpolitik oder über die Avancementverhältnisse bei der Landwehr. Pfui! ... Und war er denn seiner Sache so sicher, dass er wirklich etwas anderes sei als die Leute, die mit goldenen Uhrketten spielten und über die Avancementverhältnisse bei der Landwehr sprachen? War nicht sein ganzer Stolz das bissel Dichten und Gescheitsein? Gott, Gescheitsein! Andere sinds auch und wissen viel mehr und beherrschen vier, fünf Sprachen und sind doch nichts! Und war das ein Leben, dazusitzen und dem Geticke der zwei Taschenuhren zuzuhören, die vor ihm lagen, dann in das Buch zu starren und schliesslich Rindfleisch zu essen? ... Er schrieb einige Zeilen auf ein beschmutztes Blatt Papier, die ihm schal und dumm vorkamen, dann spuckte er mitten ins Zimmer und ärgerte sich, dass der Kakadu schrie. Endlich nahm er den gelben Überrock, steckte Cigaretten ein und ging spazieren.

Mimi schrieb kleine blaue Karten, oft zweimal im Tage. »Mein Kleines! Mir ist bang nach Dir! Wenn Du kommst, so komm unter dem Vorwand, mir ein Buch zu bringen, ¼3 zu mir. Vielleicht sind wir dann einen Augenblick allein.« ...

Dann war sie vierzehn Tage bei ihrer Mama, Frau von Wirt, in der Villa. Er war ungehalten wegen böser Gerüchte, die sie ihm in ungünstigem Lichte zeigten. Sie schrieb:

»Lieber Herr!

Diese reizenden Sacherln, die Sie sich jetzt in den Kopf zu setzen belieben, – bitte ich Dich, Freitag daheim zu lassen. Ich finde sie viel zu dumm, als dass ich Ihnen erst lange versichern wollte, dass Ihre Befürchtungen grundlos sind. Altes Dummi! wann wirst Du mir endlich glauben??? Ein Bussi, Du.

Aber Herzi, sei gut! Bis Du das nächste Mal kommst, darfst Du mit mir Kirschen reissen ... Die Helli K. ist drei Tage bei mir. Wir liegen zusammen und plauschen Nachts unglaubliche Dinge. Auch von Dir ...«

Er fuhr nach Stechnitz. Es war sehr heiss. Der Wagen rumpelte durch die Felder. Der kleine rote Kirchturm ragte aus dem Grün. Das Kreuz glänzte in der Nachmittagssonne ... Frau von Wirt schlief. Die jungen Damen seien im Walde, sagte der Diener, ein verbrannter Mensch, der in Hemdärmeln am Brunnen sass und eine Cigarre rauchte. Das Haus lag still. Alle Jalousien waren herabgelassen. Die Sträucher standen steif und staubig. Das dumpfe Geräusch der schweren Hufe der Pferde im Stallstroh hatte etwas Kühles ...

Er gab dem Diener seinen Mantel und den Weinbeerstock, steckte beide Hände in die Taschen und schritt, die kurze englische Pfeife im Munde, durch den Weingarten zum Walde ... Dort war es noch stiller. Manchmal ein Specht, ein Rascheln im Laube vom Vorjahr, ein niederflatterndes Blatt. Zwischen den Stämmen war es kühl und dunkel. Das Moos roch ... Die Damen lagen in einer laubgefüllten Grube. Helene Kortmann war ganz in Weiss, eine grosse Schärpe mit braunroten und atlasglänzenden Zeichnungen um die Taille. Sie hatte weisse Halbhandschuhe an. Ihr Hut war so breitrandig, dass er ihr kleines dunkles Gesicht fast verbarg. Aber ihre grossen himmelblauen Augen schimmerten. Sie gab ihm langsam die Hand und rührte sich kaum. Mimi, in ihrem Bebékleide mit blossem Nacken, blossen Armen, ein goldenes Herz, wie es Kinder tragen, an einem dünnen Bande um den Hals, war aufgesprungen. Unter den Augen brannten ihr die Wangen, sonst war sie gleichmässig blass. Er küsste ihr die Hand, sie gab ihm einen leichten Schlag über den Mund. »Das für Ihre Gedichte von vorgestern,« sagte sie. »Wir haben sie zusammen gelesen. Die Helen' hätt ihnen solche Schlechtigkeiten gar nicht zugetraut.« Helene sagte nichts. Sie sah ihn nur mit ihren grossen himmelblauen schimmernden Augen an. Er lächelte verlegen. Es ärgerte ihn, dass das alles so officiell war. Er brauchte diese Kortmann nicht als Vertraute. Er zürnte Mimi, die gleich seinen Unmut fühlte. »Ja, wir haben keine Geheimnisse,« lachte sie und legte sich zu Helene. »Nicht wahr, Heli?« Helene reichte ihr langsam die Wange zum Kusse. Er hätte am liebsten beide geschlagen. Oder noch besser ... Es überkam ihn plötzlich wie ein Rausch. »Legen Sie sich nur auch her, Herr Harry,« sagte Mimi und machte ihm Platz zwischen sich und Helene. Er liess sich langsam, vorsichtig nieder. Ihn schwindelte, als er sich über die beiden Frauen beugte. Sie waren ihm beide so nahe, sie dufteten so stark, sie hatten die ganze süsse Müdigkeit des Frühlingsnachmittags in den Gliedern.

Er sah zu Mimi hinüber. Er erblickte ihr Gesicht von unten, zuerst das volle weiche Kinn, dann diesen sündenfrohen lächelnden Mund, die weitaufgerissenen Nasenflügel, durch die die Sonne schien, und die seltsamen Kinderaugen unter der weissen halbmondförmigen Stirn. Er dachte: »Mit diesen beiden wunderschönen Frauen im Walde, im Frühling. Mimi ganz weiss, ganz weich und leuchtend, mit einem dünnen rosa Schleier, Rosen über den ganzen Körper gestreut, Helene, braun und glänzend wie eine Haselnuss, in ihre schwarzen, langen Haare gehüllt, die Arme unter dem Kopfe verschränkt, die grossen himmelblauen Augen träumend in den Wipfeln, ich selbst, ein Ephebe, schlank und schön, o so schön, dass diese Frauenschönheit neben mir erbliche, so schön wie ein Lied der Sappho, bartlos, ganz bartlos mit langen, langen, schwarzen Wimpern und müde vom Lieben, müde von der eigenen Schönheit ...«

Und dann sagte er, was er gedacht hatte, sagte mehr und blickte dabei fortwährend in das Blau über ihm, in dem die hohen dünnen Wipfelzweige bebten und Sonnenstaub flimmerte ... Der Kuckuck rief. Mimi richtete sich auf. »Wielange leb ich noch?« Ihre Augen horchten in Erwartung. Sie stemmte einen Arm gegen die Böschung und zählte halblaut: »Eins, zwei, drei ...« Da schwieg der Kuckuck ... Eine Wolke zog über die Sonne. Aus ihren Augen schwand das Licht. Es war kühler geworden ... Stille ... Nur leise, leise rührten sich hoch oben die Blätter ...

Helene erhob sich und schüttelte ihr Kleid. Dann sagte sie: »Ich hole ein Buch. Herr von D. soll uns etwas vorlesen.« Er war aufgestanden, verneigte sich; dann sah er Mimi an. Ihre Augen riefen etwas. Und in ihm schmetterte Fanfarenmusik. Mimi sagte: »Aber Helene, Du wirst doch nicht den Weg machen ...?« – »Wirst Du ihn machen?« – »Aufrichtig, nein. Aber ...« – »Wir können nicht so hier liegen, wenn Deine Mama kommt. Und unten bleiben will ich auch noch nicht.« Sie ging. »Ich werde mich nicht hetzen.« ... Man hörte ihre leichten Schritte auf den abgestorbenen Blättern. Dann verschwand sie hinter den Stämmen. Es raschelte noch ... Sie wagten nicht, einander anzusehen. Es war zu gewiss. Sie fühlten, wie es näher kam, näher, näher, wie ein Viergespann kam es um eine Säule. Sie hielten den Atem an. Und plötzlich wandten sich beide zu einander. Mit einem Male, wie auf Befehl. Sie sahen einander in die Augen ... Er nahm sie um den Leib und trug sie. Er sagte nur fortwährend: »Liebe, liebe, liebe, liebe Mimi!« Sie hing an ihm, schwer, angst-bleich und mit geschlossenen Lidern ...

Abends kam ein Gewitter. Frau von Wirt liess einspannen. Heinrich fuhr mit Gustav Lynx in die Stadt. Sie rauchten schweigend. Er war stumm vor lauter Glück, entzückt über den Regen, entzückt über das scharfe Traben der Pferde, entzückt über die dunkelblaue Nacht, die Cigarre war vortrefflich. »Und morgen ist mein zwanzigster Geburtstag,« dachte er.

Mimi schrieb:

»Heute war ich im Walde, gerade im grössten Regen. Ah, das war schön! Ohne Schirm und Hut bin ich hinausgelaufen, zu Hause haben sie rein denken müssen, ich sei verrückt geworden. Du weisst nicht, wie schön das ist: allein im Walde, Du, bei schlechtem Wetter! Wie feines Glockengeläute klingt das Fallen der Tropfen auf dem dürren Laub – eintönig –, dann wieder ein Windstoss, dass die alten Bäume erzittern, laut krachend Äste zu Boden fallen, mir eine ganze Ladung Wasser ins Gesicht spritzend. So wohl habe ich mich schon lange nicht gefühlt. Die Kälte, die mir langsam durch alle Glieder kroch, war mir angenehm, ich hätte am liebsten laut aufgeschrien vor Behagen. Du weisst nicht, wie kalt das ist, wenn Wind durch völlig durchnässte Kleider fährt. Eine kalte Einpackung ist nichts dagegen. Und ich hab Kälte so gern. Das reizt mich, regt alle meine Sinne auf. Ich muss da an einen warmen Körper denken.

Ich stand lange an einen Baum gelehnt und sah dem Stürmen zu. So nun bin ich trocken. Ich konnte in der Kälte wirklich nicht weiter schreiben, die Finger waren ganz starr. Ich werde das bald wieder aufführen, weisst Du, so ein Sturm nimmt all die schwülen hässlichen Gedanken mit. Ich kann seit gestern ein Gefühl der Scham Dir gegenüber nicht los werden. Du, das ist mir schrecklich, das Gefühl hab ich schon lange nicht gehabt – Du, ich hab Dich lieb! –«

»So ein Regentag auf dem Lande ist rein zum Verzweifeln. Da ist mir meist bang nach Dir, was ich ja nicht immer sagen kann. Weisst Du, ich glaube, ich bin gar nicht imstande, jemanden zu lieben. Ich tue das nur, wenn ich mich recht langweile. Da überkommt mich so ein Gefühl, ich will nicht sagen Sehnsucht, nein, eher der Wunsch, jemanden bei mir zu haben, der mich liebt. – Ich lasse mich gerne lieben, selbst kann ich es nicht.«

»Kleinchen, mein süsses, herziges! Vor allem verzeih das Papier –, aber ich kann jeden Augenblick überrascht werden, da mische ich diesen Bogen einfach unter einen ganzen Haufen ebensolcher. Da soll dann einer was herausfinden! Wozu schreibe ich? Es wandert ja doch wie schon so oft ins Feuer –. Nein, diesmal doch nicht, denn ich will Dir ja sagen, dass ich von Montag an in der Stadt bin. Wie lange weiss ich noch nicht. Wir fahren bald fort. Doch nach Ostende. Kleinchen, hast mich sehr lieb? Ich denke, die Fehler machen Dir nichts, ich hab deren so viele, da kommt's nicht mehr darauf an, ob die Schrift ordentlich ist. Wer mich nicht mag, wie ich bin, solls eben bleiben lassen ... Wozu ich Dir das alles schreibe? Als hättest Du alle diese Wische gelesen! Aus Langeweile ... Nein, Bubi, nicht bös sein, ich gesteh's ja ein, reuevoll: »Ich hab Dich lieb.«

Er musste lernen, lernen. Wie ihm das jetzt zuwider war! Und abends las er Dante, und um ein Uhr nachts steckte er sich noch eine Cigarre an und sah ihren dünnen blauen Rauchstreifen nach ...

Sonntag-Morgen. Frühgeläut über Buchenwipfeln. Der Fluss liegt klar und spiegelt die Ufer. Alles ist sonnenleuchtend und dabei doch taufrisch. Längs des Flusses reiten die beiden Freunde, Heinrich und Toni, im Gespräche. »Glaubst Du noch immer an ›die Frau‹?« sagt der Toni. »Das ›Ewigweibliche‹ in uns lässt sich halt nicht unterdrücken. Ich glaube an gar nichts –. Herrgott! der Gaul hustet ja.« Sie entzünden ihre Cigarren und treiben die Pferde an ... Über Rotlaub vom vergangenen Winter. Oft springt ein Stein auf und über die Böschung hinab. Wasserplumpsen und weite vergleitende Kreise. Ein schwerer holpernder Leiterwagen kommt von der sanft ansteigenden Waldhöhe. Rechts und links weichen die Reiter aus im Schritt, der am Uferrande vorsichtig. Dann tiefer hinein in den Wald. »Du hast keine Macht über das Weib, Harry,« sagt der Jäger. Was der eigentlich glaubte? Wenn er wüsste! ... »Du kannst sie nicht führen. Sporen geben und hopp!« und damit sprengte er seinen Falben ein, dass er schäumte. Dann riss er ihn wieder herum und führte das gischtbedeckte Tier, das zitternd in die Stangen biss, zurück. »Weiber und Pferde. Wenn nur der Richtige die Zügel hält? Blut muss es setzen! Du, weisst Du was? Beiss sie einmal in die Hand, aber nicht tändelnd und so lala, sondern fest, dass sie aufschreit! Schau, das wird ihr gefallen. Ich kenne sie.« »Hast Du vielleicht selbst schon das Mittel versucht?« »Ich?!« Und ein schallendes Lachen ...

Er kam, um Abschied zu nehmen. In dem kleinen teppichweichen Boudoir war es fast dunkel. Der schwere Fenstervorhang verdeckte die Stores.

Im Nebenzimmer dagegen standen die Fenster weit offen. Sonnenstaub tanzte über dem bronzenen Rauchtische.

Mimi hatte ein weisses Piquékleid an. Sie war sehr bleich. Um ihre grossen müden Augen lagen tiefe blaue Schatten. Die Lider hingen schwer, die langen feinen Wimpern senkten sich wie dünne Stacheln. Sie lehnte sich an ihn und küsste ihn. Plötzlich weinte sie ... So hatte sie schon einmal geweint, im Walde, als er vor ihr lag und zu ihr emporblickte. Damals war das so kindlich rührend, gar so lieb-traurig. Er hatte sie damals gefragt: »Fehlt Dir was, Mimi?« Und sie hatte den Kopf geschüttelt, energisch, wie um zudringliche Gedanken abzuwehren, und hatte durch Tränen gelächelt. Es war, wie wenn durch Regenstrahlen die milde Aprilsonne kommt ... Und wieder wie damals fragte er sie: »Fehlt Dir was, Mimi?«

Sie schluchzte. Er strich ihr über das Haar, leise, zärtlich. So tröstet man ein Kind, dessen grossem gegenstandslosen Schmerze gegenüber, der Lebensfurcht, die einen später zerreibt, man ja auch so gar nichts zu sagen weiss.

»Wein' nicht, Mimi!«

Das Ticken der kleinen Nippesuhr auf dem Sekretär wurde zu laut. Gedanken brausten durch sein Hirn. Dann war es plötzlich still um ihn, feierlich still. »So muss es im Tod sein.« Und unwahrscheinlich, seltsam ward alles um ihn her. Was wollte diese Frau, die da an seiner Brust lehnte, den braunen Kopf tief geneigt, die Finger um seinen Nacken verschränkt? Was war er in dieser Situation? ... Allmählich kam die Gegenwart wieder. Wieder rückte das Pendel auf ihn los. Die Nähe aller Gegenstände ward drohend. Und er fühlte, wie ihre Brust mit dem Schluchzen rang.

Dann ging er und vergass sie ...

9 789356 788275

Printed at Repro India Ltd.